아침 하늘 달

달봄시선 002
아침 하늘 달

차민호 시집

달봄

어느 작은 별 소년 이야기

옛날, 그러니까 우리가 상상하기도
힘든 옛날 이야기입니다.

어떤 작은 별에 소년이 살았습니다. 그리고 그곳은 우리의 세상과 같이 낮과 밤이 있고 풀과 강, 나무와 돌들이 있었습니다.

그러나 소년의 친구는 단 한 명도 없었습니다. 그곳에 소년과 비슷한 존재는 없었으니까요

소년은 외로웠습니다.

그렇지만 나무에 열린 열매를 따 먹거나 커다란 꽃의 꿀을 빨아 먹거나 심심하면 흙 위에 그림을 그리고 강에서 수영을 하는 자신의 삶에 만족했기 때문에 조금 외로워도 괜찮다고 생각했습니다.

**어쩌면 외로움을 느끼지 못했을
수도 있습니다.**

하지만 어느 날 소년의 머리카락을 흩날리던 바람이 소년에게 말했습니다.
"내가 너와 비슷한 아이를 봤어. 심심해 하고 있던데."
소년은 친구가 될 수 있는 존재가 있다는 사실에 기뻤습니다. 그래서 아이를 찾기 위해 길을 떠났습니다.

한참을 가던 소년은 늙은 느티나무 아저씨를 만났습니다.
"아저씨, 키 작은 소년 보셨어요?"
"나에게 물을 주면 알려주지!"
소년은 커다란 나뭇잎을 돌돌 말아서 컵처럼 만들었습니다. 그리고 강에서 물을 떠다 느티나무에게 뿌려주었습니다.

소년은 기대에 가득 찬 눈으로 느티나무를 바라보았습니다.
 "아, 시원하군!"
이윽고 느티나무가 말을 이었습니다.

"그런데 아이 말이냐? 난 못 봤다."
소년은 너무 실망해 화가 났습니다. 빨리 친구를 만나고 싶어 조바심도 났습니다. 소년은 발걸음을 재촉했습니다.

소년은 조그만 돌멩이 아이들과 마주쳤습니다.
"혹시, 심심해 보이는 아이 봤어?"
"우리 너무 더러운데 좀 닦아줘. 그럼 말해줄게!"

소년은 할 수 없이 꽃잎으로 돌멩이들을 닦아 주었습니다. 돌멩이들은 깨끗해 졌고 꽃잎에 물들어 알록달록 예쁜 옷을 입게 되었습니다. 하지만 돌멩이들은
"고마워. 그런데 우리는 소년을 보지 못했어."
라고 말하며 굴러가 버렸습니다.

소년은 아쉬운 마음으로 다시
길을 떠났습니다.

몇 발자국 가지 못해서 어느덧 밤이 되었습니다.
"나에게 친구는 생길 수 없는 걸까?"
소년은 푹신푹신한 풀밭에 누워 별들을 세어보다 잠이 들었습니다.

다음 날 아침, 소년의 귀에 서성이던 바람이 소년을 깨웠습니다. 잠이 덜 깬 소년은 눈을 비비며 바람의 이야기에 귀를 기울였습니다.

"어제 내가 어떤 아이에게 너의 이야기를 해 주었어. 여기로 온다고 했는데, 아직 안 왔니?"

시인의 말

1

사랑하고 싶습니다. 청춘이 사랑의 계절이라면 저는 아직 겨울의 끝자락에 있습니다. 얼어붙은 강과 눈 덮인 동산은 속을 알 수 없듯이 제 마음도 그렇습니다. 그러나 마음의 눈을 치우다 보면 내가 보이고, 내가 사랑하는 것이 뭔지 보일 날이 오겠지요. 하지만 결코 그 과정은 쉽지 않습니다. 어쩌면 그곳에는 없을 수도 있습니다. 여러분은 사랑하는 것이 있습니까?

2

오늘은 딱히 하고 싶은 말도 하고 싶은 일도 없습니다.
비가 내리고 비는 지붕에 부딪쳐 소리를 냅니다.
그런 날입니다.
텔레비전을 보기도 사람을 만나기도 펜을 잡기도 싫고 그렇다고 시를 쓰기도 싫은
그런 날입니다.
이런 날에는 누가 저의 시를 읽고
찾지 못하던 생각이 문득 들었으면 하는 날

당신을 사랑할 것만 같은
날입니다.

날 떠나 어떤 날을 만난 시
그런 시가 되고 싶습니다.

차례

어느 작은 별 소년 이야기 · 8
시인의 말 · 31

텅 빈 나무들 아래에서 · 34
안개 속 그대 · 36
빗소리 · 38
봄, 미(美) · 39
흙 위의 벚꽃 · 40
성탄절 · 41
아침 하늘의 달 · 42
석탑 · 44
살랑대는 여우비를 타고 · 46
고해 · 47
못 · 48
낙엽과 봄꽃의 이야기 · 50
커튼 · 51
꽃 · 52
책상 한구석 · 54
전집 · 55
술 타령 · 56
오후 5시 · 57
거리 · 58
그대에게 있다 · 59
왜 나는 이렇게 살고 있나 · 60
천둥부터 친다 · 61
사별 · 62

비의 놀이 · 64
나 참 행복한 사람이다 · 65
시와 시인의 하룻밤 · 66
당신은 왜 오셨습니까 · 68
양말 · 69
살아 있음을 · 70
연탄 · 71
용서 · 72
동강에 뱃길 · 73
난 시를 쓰기 싫다 · 74
촛불 · 76
불량품 · 77
모두 떠나고 · 78
지푸라기 눈사람 · 80
귀연 · 81
당신은 왜 지지 않는가 · 82
천장 · 83
그래도 그대를 사랑합니다 · 84
집으로 · 86
떠나는 사람을 만난 날 · 88
화중생련 · 90
미리내 · 92
돼지는 소를 질투합니다 · 93
어느 우주 · 94
문 · 96
바보들의 보배 · 97

추천의 글 · 99

텅 빈 나무들 아래에서

텅 빈 나무들이
아름답게 만들어 준
길에서

겨울의
냉정함이 만들어 낸
추위에 떨고 있는
나를 본다

내가 밟고 있는
텅 빈 나무들의 흔적 속에
슬픔을 나는 느끼고
흘러갈 수밖에 없는 하늘의
처절함 속에
어둠을 밝히는 달빛을
나는 본다

그저 그렇게 하늘만 보다가
어느새 계절은 묵묵히
시간의 끝자락에 서 있다
누군가의 청춘을
누군가의 젊음을
가져가는 세월 속에서

나는 그렇게 그렇게
그런 시간을 걸으면서
지내간다

안개 속 그대

나는 사람이라
울고 있다

보이지 않는 너를 위한
내 슬픔의 가시가 아닌
기쁨이 가슴에서 넘쳐
눈물로서 달래는 중이다

나는 바보라서
보이지 않는 것에 기뻐한다

바보가 기뻐하는 것에
이유는 없다
그리고
나는 너와 같이 있는 것만으로
바보가 되어 버린다

안개가 녹으면
그대를 볼 수 있다는 마음으로
오늘을 산다
바보처럼 하루를 산다

빗소리

바퀴의자에 앉아
창 밖의 비를 보고 있으니
곳곳에 걸린 물방울들이 춤을 춘다

떨어진다

흔들흔들 툭 탁
흔들흔들 툭 탁
탁 탁 탁 탁

나도 흐르고 싶다
저 청아한 소리를 내며

봄, 미(美)

봄은 왔는데
너는 오지 않는다

봄은 이제 가려고
그 모든 것들을
흩날리는데

너
꽃을 사랑한다면 오라
가을이면 내려올
푸른 잎들을 사랑한다면 오라

내 앞에
봄의 미와 너는
리시안셔스와 나비의 키스를 타고
오라

흙 위의 벚꽃

마른 흙 위에
핀 벚꽃 한 송이
외로움만 느껴진다

홀로 살아온 것 같은
벚꽃 한 송이
너는 나무에서 솟아났으니
너는 홀로 흙 위에 핀 아이는 아니다

성탄절

적당히 소년의 가슴을 적실
눈이 내리고
거리에 성탄절 노랫소리 들려온다

소년은 예수의 탄생을 잊어버린 채
그저 편지 한 장
하루 더 살고픈
하루살이의 마음으로 시를 쓴다

썼다 지웠다
결국 처음에 썼던 시 하나 적고
눈 내리는 밤으로
달려 간다

아침 하늘의 달

너와
황홀한 아침 하늘을
걷다 보면
어느새 나는 너를 사랑해

어쩌면
내 가슴에
모래로 된 모든 것들을
날려 버리고
네가 앉을 의자 하나만 있어도
나는 따듯할 텐데

알아, 너는 구름 한 줌 없는 날에도
이렇게 밝은 아침에도
나를 위해 이 세상 환하게
빛으로 채워 주고 싶다는 걸

그래

너는 아침 하늘을 걷다
태양을 담은 시 한 줄 적으며
나에게 오지 않을 어둠을
바란다면

그냥
나도 너와 같이
나를 위해
하염없이 불타는 너의 몸
안고
함께 타오르겠어

석탑

그 자리에
우두커니 서 있어라

폭풍우처럼
몰아치던 벚꽃 잎들이
죽어 있지 않은 모든 것들을
베어 버리고
이젠 나 마저 베어 버린다

무얼 탓하겠는가
내가 벚꽃 잎들에게
아름다움이었음을

아 푸른 소나무들의 함성이
백 년의 어둠 속에서도
들려온다

내가 서 있을 곳은
저 푸른 소나무들의 고향이니
나는 죽어서도
소나무들의 피로 된 바다를
건너 가리다

그곳에
우두커니 서 있어라
경천사십층석탑이여

살랑대는 여우비를 타고

살랑대는 여우비를 타고
어느 강물에 앉아

여우비는 계속 내리고
나는 너의 옆
작은 강이 되어
너의 눈물과 같이 떠나고 싶다

강이 되어
눈물을 담고
눈물이 되어
강을 닮으며

내가 흐르고 있다
당신의 눈물을 담은 채

고해

내 손등에
못을 박아
푸른 피로 바다를 만들고

내 살을 갈기갈기
찢어
대지를 만들고

내 머리를
잘라
나무로 심는다
하여도

이 세상은, 고해
내 마음이 그렇다

몫

너의 몫이다

슬픔이 찾아와
눈물이 흘러도
외로움이 너를
삼켜 버릴지라도

너의 몫이다
그렇지만
너의 몫만은 아니다

사랑하는 이와
함께 있다는 것
책을 읽고
감정을 느낄 수 있다는 것
저 초록빛 언덕 위에
서 있을 수 있다는 것 마저

너의 몫이다
그렇지만
너만의 몫은 아니다

낙엽과 봄꽃의 이야기

낙엽은 말한다

누군가 나를 밟고 갔을 때
태양은 이미 시들어 있고
늙은 나의 옆을 서성이던 바람만이
나를 안아 주었어

아니
그냥 지나갔다고

봄꽃은 말했다

누군가 나를 보았다면
내가 웃는 모습을 보았겠지
나의 웃는 모습만 좋아하니

봄이 가면
메마른 흙 품에서
썩어 가고 있었지

커튼

단칸방
작은 창문으로 뻗어 오는
빛줄기를 막는 너에게 묻는다

너는 나의
한줄기 희망의 빛을 막고 있는 것이냐
너는 나를
한줄기 절망의 빛으로부터 지켜 주고 있는 것이냐

그냥 난 네가 싫다
넌 나를 장님으로 만들어
더 깊은 어둠으로 빠져들게 할 뿐이니

꽃

하늘 아래 가장 높은 곳
세상에서 가장 아름다운
꽃이 피었다

바람도 불고
비도 내리는 그곳에
꽃이 피었다

눈 감고 떴을 때
꽃이 피었다
꽃이 피는지 마는지
나도 모르는데 꽃이 피었다

하지만

꽃은 시들었다
낙엽과 함께
소나기와 함께

꽃의 기억은
하늘 아래 가장 높은 곳에
아직 피어 있는데
꽃은 시들었다

아직,

꽃을 키우는 땅
죽지 않았고
꽃이 본 그 태양
아직 지지 않았다

책상 한구석

옛날에 할부지 물푸레나무로
만들어 주신
나와 같이 나이든
책상 한구석에

내가 장난치다
연필로 그은 자국들
지워지지 않고

책상 서랍에 잠을 자던
오래된 사진들이
나를 기억하기에
나도 잊을 수 없다

사진 속 할부지처럼
이제는 같이
메아리 듣지 않고
물푸레나무 밑에서 잠만 주무시네

전집

골목 안쪽에
구수한 기름 냄새
따끈한 정의 향기에 취해
끌려간 전집

시골 정을 이기는
냉정한 추위에도
다 쓰고 남은 기름 통 안에
양초 하나 피워 놓고
그 위에 앉아 있다 보면
엉덩이가 따뜻하다

불판을 두둘기는 전 굽는 소리에
할머니의 손맛이 느껴진다
배춧잎전, 전병 둘 다 먹고 싶은데 배가 부르다

술 타령

시골 마루에 앉은 나
옆에 있는 건
하얀 모자 쓴 산들과
솜이불 덮고 있는 강

오늘따라 안개가 떠나지 않고
엄마의 술타령은 길어지네

오후 5시

오늘도 나밖에 없는 집에서
조용히 책을 본다

어느새
창문 틈 사이로 노을빛이 내려 오고
방은 어둠으로 가득하다

내 마음도 어둠 속으로
점점 묻혀 가고
외로움에 휩싸여 마음이 먹먹한 순간
나는 문을 열고 나간다

거리

거리에 담배 냄새
술 취한 아저씨의 세상에 대한 외침
도서관 책들처럼 빡빡한 차들
별이 보이지 않는 하늘

당연한 거리의 모습이라 한다
거리는 그런 당연함이 상처다

그대에게 있다

난 그대에게 줄 게 없다
아침 이슬이 된 빗방울도
자라나지 않은 씨앗도
내가 따라 주지 않아도 오늘을 시원하게 해줄
술 한잔은

모두 그대 마음속 어딘가 있다

왜 나는 이렇게 살고 있나

오늘의 노다지만 찾는 나
주위의 수많은 사람들이
너를 위해 노력한 만큼
노력하고 있나

나의 행복이
나를 믿고 있는
사람들의 행복이라 생각하지 않았나

나 한 번이라도
천상병 시인의 한 줄처럼
이 세상 소풍이라 하지 못하였나

천둥부터 친다

요즘 하늘은 비 내리기 전에
천둥부터 친다

화가 났나

하늘도 이유 없이 우는 아이는
아닌가 보다

사별

나 오늘도
밭에 나가 밭을 갈고

마루에 앉아
언젠가 우리 다시 만날 것처럼
당신의
오래된 옷을 꿰매어 두고

할 것 없이
멍 하니 노을 바라보다

그대 옆에 앉아
노래 한 곡, 불러보오

아하 노래가
끝나가는구려
여보
이제 나도 가야겠소
이제 나도 돌아가야겠소

비의 놀이

비 오는 날
학교 창문 밖에
전깃줄을 미끄럼틀 삼아
비들이 놀고 있다

비가 되면
저렇게 놀 수 있을 것만 같은데
보고 있는 것만으로도 재밌다

나 참 행복한 사람이다

나 갈 수 있는 길이
많이 있지 않아도
많은 곳을 보여 주려는
가족들이 있고
세상을 탓 할만한 몸이어도
세상을 탓하려는 마음이 없고
내 엄마의 아들이라서
엄마의 젖가슴 만지며
잘 수 있어서

나 참 행복한 사람이다

시와 시인의 하룻밤

내가 너와
하룻밤을 같이 보내어 보니
너를 더욱 모르겠다

내가 너에게
세상과는 먼 이야기를 주어야 할지
희망의 씨앗을 심어야 할지
너의 상처를 더욱 깊게 베어야 할지
내가 너여야 하는지
난 모르겠구나

단어 하나 문자 하나
나의 고민 나의 시간으로
태어난 너
내가 먼저 사랑해야 할 너

그냥
너와 함께
죽어 버린다면
나 행복하다 말할 수 있을 것만 같은데

당신은 왜 오셨습니까

언제나 같은 시간의 길을
걷고 있는 나에게
시간의 삶 그 속에서
잠을 못 이루는 나에게

당신은 왜 오셨습니까

당신은 시간의 속박 그 속에서도
자유롭게 날 수 있는
저 하늘 보다 높은 곳
계셔야 할 당신이
당신이 왜 저에게 오셨습니까

양말

발과 신발 사이
내가 냄새 난다고
벗어 던진 양말

얼마나 더웠을까
신발 안에서
숨도 재대로 못 쉬고
내 발에 땀
모두 머금은 채

그래

앞으로는 땅바닥에 벗어 두지 말고
세탁기에 넣어 두어야지

살아 있음을

푸른 잎들을
가을에 공허함을 위해 바친
나무들이
다시 잎을 세운다

그들이 우리에게
자신의 아름다움을 뽐내려고
그러는가
그들이 우리에게
배불리 먹을 과일을 맺으려
그러는가

아니다

나무가 잎을 세운다는 건
단지, 이 세상 살아 있음을 보이는 것이다

연탄

거대한 톱니바퀴 돌아가면
송 송 하고 나오는 연탄들
까만 얼굴들

깊은 밤
연탄과 어둠이 구별되지 않는 깊은 밤
연탄 배달 가는 나의
종착역은 점점 높아져
하늘로 가야 하네

하늘에 어떤 집이 있으랴

우리를 위해 불탄
연탄만이
나의 옆에서 나를 따듯하게 할 뿐이지

용서

누가 나의 물건을 빼앗으면
줌을 당연한 것처럼
나는 그냥 주리다

누가 나의 마음을 아프게 한다면
그도 나만큼 아프다는 걸 알고 있는 듯
받아 주리라

누가 나의 사랑하는 이를 괴롭힌다면
그가 나의 사랑을 시험하는 것처럼
나는 사랑하리

동강에 뱃길

목말라 잠시 쉬던
아름다운 동강에 뱃길이여
오대산 기슭에서 나와라

평창강과 주천강을 만나
한잔 걸치다가
목 축이고 다시 와서
힘차게 흘러다오

태백산 열차는 갔다
다시 너를 타고
난 한강으로 가려니
다시 흘러다오
동강이여

난 시를 쓰기 싫다

내가 이렇게 붓을 잡고 시를 쓴다는 건
작은 꽃과 나무, 안식처를 주기 위함인가

나의 이 꽃밭에 벌과 나비들의 육신이
범벅 되더라도
밤을 잊어버린 나의 별이 더 이상
빛나지 않더라도
내가 쓴 나의 이야기가
한순간 잿더미가 되어 버려도

난 시를 쓰기 싫다
너를 위해서도

이 세상 모든 것을 사랑하고
사랑하니까

시로 너에게
꽃과 나무, 안식처를 주고 싶지 않기에
나 가끔은 시를 쓰기 싫다

촛불

형광등을 끄고
촛불을 피워 보라

촛불도 숨을 쉬어야 불타오르지
우리라고 다르겠는가

불량품

내가 무엇인가 해내지 못하고 있을 때
엄마는 항상 말씀 하시지
"야 이 불량품아 그것도 못하니"

히 히 히 히 히

불량품은 말할 거야
"불량품이니까 엄마가 안아 주고 업어 주고
엄마한테 부비적거릴 수 있어서 좋은데"

모두 떠나고

이러쿵 저러쿵
시끌벅적했던 공원에서
모두 떠나고
나 혼자 바퀴의자 앉아 있으면

내 옆에 벤치도
짝꿍이 있고
저 그네도 바람과
놀고 있는데

나도 누가 안아 준다면
나는 따듯한데
나도 누가 다가오면
나는 두근거리는데

차가운 내 바퀴의자가
나까지 차갑게 만드는 것 같아

내가 싫다

지푸라기 눈사람

임이 엮어 두신
나를 뒤로 하고
임은 먼 곳에 갔는데

나는
눈물 한 방울 흘리지
못하고
녹지도 않는 나를
원망할 때면

나는 눈사람이고 싶어
녹아서 흙탕물이 되더라도
이 세상 다시 보지 못하더라도

님의 곁으로
난 가고 싶어

귀연

제비 날아간다
저 머나먼 남쪽으로
날개와 날개를 잇고
얼어붙은 구름을 헤치며

제비 날아간다
정든 고향 따듯해질 때까지
저 푸른 산에서 놀다가

제비 돌아온다
내 집 처마 밑
둥지에 다시 알을 낳고
아이를 키우고
다시 겨울이 되면 날아간다

당신은 왜 지지 않는가

당신은 왜 지지 않는가
벌써
나는 지치고 스러져 흙이 되어 가고 있건만

저 새 한 마리, 울음에
당신이 젖어도
당신은

어느 여름 날, 소나기에
당신이 묻혀도
당신은

여전히

피어날 자리, 피어난 자리에
있어 주오

천장

하늘을 가렸다
네가
멍하니 보고 있는 나의

태양을 보지 못하는
눈
형광등을 비추는 나의 눈이
아프다
가라, 나의 눈물을 흐르게 하지 말고

가라, 저녁 노을과 같이
가라, 나의 외마디 비명과 같이

이젠 비가 오지 않을 것이니
가라

그래도 그대를 사랑합니다

그대와
무덤으로 가는 길
손을 잡고 싶은
나는 썩어가는 존재

문드러진 나의 얼굴
눈동자에는
죽어가는 그대가 있길 바라는
나는 죽어가는 존재

비석은 그대의 얼굴
흙은 그대의 살결
나의 무덤이 그대이길 바라는
나는 허망한 존재

그대를 사랑하기에
내가 그대를 사랑하기에

그대가 나의 무덤이 되어도
나와 같이 썩어가도
나는 좋습니다

나와 같은
썩어가는 것들은 모두
사랑하는 이와 함께 썩어가길
바랍니다

집으로

골목길에 흙탕물
퍼트리다가
딱 걸린 나는
알밤 하나 먹고

산에 물들어가는
노을 보며

집으로
집으로
흙 내음 가득한 신발 신고
나의 집으로

고장난 가로등
길 잃은 나

저 하늘의 별들을
가로등 삼아

담벼락, 친구들의 그림을
나침반 삼아

골목길에 추억을
퍼트리다가
길 잃은 나
어느 새 집으로 왔다.

떠나는 사람을 만난 날

너를 만나
아, 너를 만나
하루가 하루가 되었다

너를 보았다
밤 하늘에 시를 썼다

별이 되어
보이지 않는
너를 보다
시를 썼다

마음의 궁전을
무너트리며
무너진다

아, 궁전은 무너지고
정든 하루가

어제가 되었다

아, 떠나간 울림은
어디를 가는가
돌아오라 나에게
너에게 들리지 마라

화중생련

화염 속에서 피어난
꽃은
살아있노라

들리는가, 저 곳
타버리지 않기 위하여
몸부림치는
한 송이 꽃의 기합이

그것은 당연한 비명
살아
피어나지 않는가

이 넓은 땅
모든 곳, 어디에도
화염이 있으리

꽃은
살아있노라

미리내

건너편 옷 짜는 여인
내 앞에 강 이름보다 아름답네
미리내 미리내 미리내

나무 자르다가
힐끗
시 쓰다가
힐끗
미리내 미리내 미리내

그대에게 가고 싶어
까마귀가 다리 만들어 줄까
거북이가 다리 만들어 줄까
기다리다가

그대의 손을 잡고 싶어

퐁당

돼지는 소를 질투합니다

돼지는
주인과 함께 밭에 나가는
소를 질투합니다

소에게는 신선한 풀이
자신에게는 먹다 남은 음식이 와서
돼지는 소를 질투합니다

돼지는
자신을 아무렇지 않게 죽이는
사람들이
소를 눈물의 칼로 죽이는 것을 보며
죽어갑니다

어느 우주

어느 우주 속 너는
깊은 어둠에
별을 한 방울 두 방울
떨어트리고
별빛, 고요한 빛남에서
잠을 자고

우주의 끝에
점점
하염없는 어둠이 퍼질 때
네가 일어나
별들의 두려움을 느낀다면

나는
어느 우주의 태양이 되어
찬란한 빛으로
너의 별들을 적셔 주고 싶어

이 늙은 우주에
너의
별빛을 퍼트리기 위해
나의 황혼은
이미 머언 곳, 저기
묻어 두었지

너를 사랑하니까
별을 사랑하니까

아니, 그냥

너를 보고 있어

문

문이 열렸습니다
들어 옵니다

가만히 지켜 봅니다
녹차를 마시며 봅니다

나갑니다
문이 닫힙니다

어느샌가 슬픔이 들어왔습니다

바보들의 보배

그대는 날개 버린 천사
천국의 은총을
바보에게 내리시고
흙을 밟고 배고파하시며
오셨다

그대는 빛나는 그늘
바보들에게
시지포스의 영원한 고통 같은
저 태양을 가려주는 그늘
하지만
어둠을 거치는 빛 또한
그대이다

그대는 보배
바보들의 보배

추천의 글

성숙한 주제의식이 전하는 공감의 울림

유호경
(연세대학교 재활학교장)

 영민한 눈망울의 사교성이 좋은 차민호 군을 처음 만난 것은 재활을 위한 물리치료실에서였다. 새로 오실 교장 선생님의 나이를 짐작해보라는 치료사 선생님들의 요구가 있자마자 그는 내 나이를 정확히 맞추며 첫 만남에서부터 웃음을 안겨주었다. 그때만 해도 앳된 소년의 모습이던 민호군이 이제는 어엿한 청년으로 성장해 자신의 내면의 소리로 세상과 소통하는 첫 시집을 발간하게 되었다. 항상 긍정적인 삶의 태도와 넘치는 의욕으로 학업, 스포츠, 창작 등 모든 분야에서 탁월한 열정을 보여주던 민호이기에 그의 시가 전해주는 의미가 더 마음에 와 닿고, 항상 민호의 그림자로서 정성을 다 기울이시는 어머님의 사랑이 작은 결실을 맺게 됨에 한없는 기쁨과 감사를 전하고 싶다.

청소년기에 자기 자신과 사회와의 관계가 형성되어 나가는 성장과정을 다루는 소설을 '성장소설'이라고 한다면 여기 소개되는 민호의 시들은 '성장시'라고 부를 수 있다. 그의 시들은 주변 세상에 대한 예민한 감각과 거리감을 유지하면서도 동시에 내면의 자아를 향해 여행하는, 한 개인의 성장과정에서 조우하게 되는 주제들을 다루고 있기 때문이다. 성장과정에 있는 한 청년의 피해 갈 수 없는 통증과 그 의미를 깊은 차원에서 해석함으로써 이를 극복하려는 자기성찰의 진지함이 그의 모든 시에 일관되게 나타나고 있다.

시를 사랑하는 한 젊은이의 맑고 예민한 감수성과 제3자적 입장에서 자신의 삶을 바라보는 모습에서 그의 나이에 비해 매우 조숙하면서도 풍요로운 정신세계를 읽을 수 있다. 아직 미숙한 젊음을 키워내기 위한 고통을 나름 정직하게 마주하고, 자신이 끌어안아야 하는 그 고통의 진실을, 가슴으로 선택한 시어로 진지하게 빚어내는 도자기 같은 시들, 때로는 나뭇잎 위의 영롱한 이슬처럼 청아하고 맑은 그의 시들은 읽는 이에게 겸허한 자기성찰의 기회를 마련해준다. "나는 바보라서 / 보이지 않는 것에 기뻐한다"는 〈안개 속 그대〉에서는 삶에 대한 그의 깊은 시각과 더불어 청소년기의 수많은 유혹에도 흔들림 없이 자신의 길을 직시하며 걸어가는 단호함이 엿보이기도 한다.

기쁨보다 훨씬 더 소중한 슬픔을 다시 더 큰 기쁨으로 승화시키기 위한 그의 시 쓰기 작업은 그 자체가 또 다른

기다림이고, 그리움이고 사랑의 대상으로 느껴진다. 삶의 고통과 슬픔은 "너의 몫이다 / 그렇지만 / 너의 몫만은 아니다"(〈몫〉)라는 인식에서도, 보이는 세상뿐만 아니라 보이지 않는 세상의 진실에 대해 절실히 갈망하는 것이 우리 삶에서 큰 몫을 차지함을 일깨워준다. 특히 "홀로 살아온 것 같은 / 벚꽃 한 송이 / 너는 나무에서 솟아났으니 / 너는 홀로 흙 위에 핀 아이는 아니다"(〈흙 위에 벚꽃〉)에서 그가 보여주는 개체의 허상과 그 실상에 대한 통찰력은 청소년이 도달하기에는 쉽지 않은 수준으로 평범한 단어들을 사용하여 깊은 주제를 담담하게 표현하는 능력이 놀랍기만 하다.

물론 그의 시가 아직은 부족한 청소년기의 정서를 반영하고, 시어를 섬세하게 다루는 솜씨의 미숙함도 여기저기서 드러나지만 이는 그의 성숙한 주제의식에 비하면 지엽적인 문제이고 앞으로 그가 자신의 역량을 갈고 닦으며 퇴고하는 과정에서 더 한층 발전하리라 믿는다. 오히려 그의 시에는 그가 고통스럽고 외로운 자신의 가슴을 열어 다른 이들과 함께 나누고자 하는 메시지가 있으며 그의 시를 읽는 사람들이 공감할 수 있는 분명한 울림이 있기에 나는 정말로 많은 사람들이 그의 시를 함께 읽으며 공감하게 되기를 희망한다.

끝으로 여기에 소개되는 그의 시의 주제의 깊이와 미적인 가치가 민호와 민호의 시를 읽는 사람들의 정신적인 성장을 이끌고 더불어 새로운 정신적 공동체를 형성하는 촉매가 되기를 바라 마지않는다. 또한 주변 세상을 바라보는 그의 순수한 눈망울과 내면의 깊은 갈등 속에서도

강한 의지로 숭고하게 지켜내려는 그의 소중한 꿈, 그리고 시를 사랑하는 고결한 품성이 평생 동안 그와 함께하며 그의 성장의 날개가 되어주기를 진심으로 기도한다.

꿈의 시

선현석
(연세대학교 재활학교 교사)

《꿈의 구장》이라는 영화가 있다.
영화에서 보면 주인공 케빈 코스트너가 아버지에 대해 원망 섞인 말을 한다. 내 아버지는 한 번도 자기의 꿈을 이루기 위해 노력해본 적이 없다고…….
그러고는 자신은 아버지 같은 사람이 되고 싶지 않아서 남들이 무모하다고, 그리고 바보 같은 짓이라고 말하는 일을 시도한다. 현실에 안주해서 조용히 살기 보다는 자신의 마음 속 깊은 곳에서 들려오는 꿈을 위해 옥수수 밭을 일구어 야구장을 만든다.
학생 차민호 라는 이름을 알게 된지는 꽤 되었다. 자기만의 생각을 가지고 있지만 표현하지 못해 껍데기로 자신을 덮고 있던 학생, 아직까지 완전하게 다듬어지지 않은 원석을 보는 듯하였다.

중학교 3학년 때 민호의 담임을 맡고 이야기를 나누던 중 꿈에 대한 이야기가 나왔다.
"전 아직 제가 하고 싶어 하는 것이 무엇인지 모르겠어요."
"제 꿈이 무엇인지 모르겠어요."
그때 《꿈의 구장》 영화 이야기를 해주었던 것이 기억난다. 두려움으로 귀를 막지 마라, 네 마음 깊은 곳에서 들려오는 꿈의 소리를 막지 말라고……
사람은 누구나 꿈을 가지고 산다. 하지만 자기 꿈을 알고, 그 꿈을 위해 살아가기가 그리 쉽지만은 민호도 역시 그랬다. 꿈이 뭔지 조차 모르고 살아왔다. 그러다 시를 만났다. 일기를 쓰고, 글을 써보고, 시를 쓰고……. 민호에게 시는 또 하나의 돌파구이자 꿈을 찾아가는 징검다리였다. 시를 쓰는 대상이 여느 청소년들처럼 흠모하는 이성이 되기도 하고, 알 수 없는 자신의 감정이 대상이 되기도 하고, 그렇게 자기 생각과 감정을 말 대신 시로 쓰며 자신을 둘러 싸고 있던 껍데기들을 하나씩 벗겨내었다.
마음 깊은 곳에서 들려 오는 형용사와 명사들, 대상을 알 수 없는 지시어들, 민호는 조금은 두려운 마음으로, 조금은 서투르게 그것들을 하나씩 꺼내 맞추어보고 자기만의 색을 입혀나갔다.
그의 땀방울이 떨어져 한 땀 한 땀 언어가 되고 컴퓨터 자판을 누르는 그의 손가락 떨림이 옥빛 비단결이 되는 것을 안다.
민호가 얼마나 힘겹게 글을 쓰고, 얼마나 힘겹게 현실과 부딪혀가는지, 나는 안다.
먼 훗날 아니 가까운 미래에 민호가 자기 마음 속에서 들려오는 꿈의 소리를 들을 수 있을 거라고 확신한다. 자기의 꿈의 소리를 듣고 영화 주인공이 옥수수밭을 일구어 꿈의 구장을 만든 것처럼, 시간이 흘러 민호가 세상의 장벽을 부수고 자신의 꿈을 펼칠 '꿈의 구장'을 만들 수 있을 거라고 확신한다. 그때가 되면 여유롭게 시인 차민호가 만든 꿈의 구장에 가서 민호의 시를 읽으며 옛 이야기를 들어보고 싶다.

사랑하는 이들

전소연 차진호 차금석

강미리 김광민 김범준

김보미 김서현 김요한

김은경 김은희 민지원

박보배 박신혜 박재우

박정미 박지민 방정화

배문주 선현석 성용

성유나 신혜정 오박영

유형렬 유호경 윤지용

윤지혜 이명희 이지명

이지은 이진우 이후석

전성녀 전술비 지정재

천춘경 최보름 최용익

**아침 이슬처럼 희망을 준
내가 사랑하는 이들입니다**

아침 하늘 달

ⓒ 차민호, 2014

1판 1쇄 인쇄 | 2014년 7월 3일
1판 1쇄 발행 | 2014년 7월 11일

지은이 | 차민호
펴낸이 | 차여진
펴낸곳 | 달봄

등록번호 | 제406-2012-000092호
주소 | 경기도 파주시 평화로 310
문의 | 031-944-5222
팩스 | 031-944-9222
전자우편 | hello@dalbom.co.kr
홈페이지 | www.dalbom.co.kr

ISBN 978-89-968957-5-6 03810

※ 이 책은 달봄이 저작권자와의 계약에 따라 발행한 것이므로 본사의 서면 허락 없이는 어떠한 형태나 수단으로도 이 책의 내용을 이용하지 못합니다.
※ 이 도서의 국립중앙도서관 출판시도서목록(CIP)은 서지정보유통지원 시스템 홈페이지 (http://seoji.nl.go.kr)와 국가자료공동목록시스템 (http://www.nl.go.kr/kolisnet)에서 이용하실 수 있습니다. (CIP제어번호 : CIP2014020048)
※ 이 책의 정가는 뒤표지에 있습니다. 잘못된 책은 구입하신 곳에서 바꾸어 드립니다.